Great Works Instructional Guides for Literature

El único e incomparable Iván

A guide for the Spanish version of the book by Katherine Applegate
Great Works Author: Jennifer Lynn Prior

Shell Education

Publishing Credits

Corinne Burton, M.A.Ed., *Publisher*; Conni Medina, M.A.Ed., *Managing Editor*; Emily R. Smith, M.A.Ed., *Content Director*; Robin Erickson, *Production Director*; Lee Aucoin, *Senior Graphic Designer*; Caroline Gasca, M.S.Ed., *Editor*; Stephanie Bernard, *Associate Editor*; Sam Morales, M.A., *Associate Editor*; Don Tran, *Graphic Designer*; Sandy Qadamani, *Graphic Designer*

Image Credits

Berendje Photography and Steve Bower Shutterstock (cover; page 11)

Standards

© Copyright 2010. National Governors Association Center for Best Practices and Council of Chief State School Officers. All rights reserved.

Shell Education
5301 Oceanus Drive
Huntington Beach, CA 92649-1030
www.tcmpub.com/shell-education

ISBN 978-1-4258-1754-1

© 2018 Shell Educational Publishing, Inc.

The classroom teacher may reproduce copies of materials in this book for classroom use only. The reproduction of any part for an entire school or school system is strictly prohibited. No part of this publication may be transmitted, stored, or recorded in any form without written permission from the publisher.

Table of Contents

How to Use This Literature Guide 4
   Theme Thoughts 4
   Vocabulary 5
   Analyzing the Literature 6
   Reader Response 6
   Guided Close Reading 6
   Making Connections 7
   Language Learning 7
   Story Elements 7
   Culminating Activity 8
   Comprehension Assessment 8
   Response to Literature 8

Correlation to the Standards 8
   Purpose and Intent of Standards 8
   How to Find Standards Correlations 8
   Standards Correlation Chart 9

About the Author—Katherine Applegate 11
   Possible Texts for Text Comparisons 11

Book Summary of *The One and Only Ivan* 12
   Cross-Curricular Connection 12
   Possible Texts for Text Sets 12

Teacher Plans and Student Pages 13
   Pre-Reading Theme Thoughts 13
   Section 1: Ivan at the Big Top Mall 14
   Section 2: Ruby and Stella 23
   Section 3: Keeping the Promise 32
   Section 4: The Plan Works! 41
   Section 5: A New Life for All 50

Post-Reading Activities 59
   Post-Reading Theme Thoughts 59
   Culminating Activity: Remembering Ivan 60
   Comprehension Assessment 64
   Response to Literature: Favorite Part of the Story 66

Writing Paper 69

Answer Key 71

Introduction

How to Use This Literature Guide

Today's standards demand rigor and relevance in the reading of complex texts. The units in this series guide teachers in a rich and deep exploration of worthwhile works of literature for classroom study. The most rigorous instruction can also be interesting and engaging!

Many current strategies for effective literacy instruction have been incorporated into these instructional guides for literature. Throughout the units, text-dependent questions are used to determine comprehension of the book as well as student interpretation of the vocabulary words. The books chosen for the series are complex and are exemplars of carefully crafted works of literature. Close reading is used throughout the units to guide students toward revisiting the text and using textual evidence to respond to prompts orally and in writing. Students must analyze the story elements in multiple assignments for each section of the book. All of these strategies work together to rigorously guide students through their study of literature.

The next few pages describe how to use this guide for a purposeful and meaningful literature study. Each section of this guide is set up in the same way to make it easier for you to implement the instruction in your classroom.

Theme Thoughts

The great works of literature used throughout this series have important themes that have been relevant to people for many years. Many of the themes will be discussed during the various sections of this instructional guide. However, it would also benefit students to have independent time to think about the key themes of the book.

Before students begin reading, have them complete the *Pre-Reading Theme Thoughts* (page 13). This graphic organizer will allow students to think about the themes outside the context of the story. They'll have the opportunity to evaluate statements based on important themes and defend their opinions. Be sure to keep students' papers for comparison to the *Post-Reading Theme Thoughts* (page 59). This graphic organizer is similar to the pre-reading activity. However, this time, students will be answering the questions from the point of view of one of the characters in the book. They have to think about how the character would feel about each statement and defend their thoughts. To conclude the activity, have students compare what they thought about the themes before the book to what the characters discovered during the story.

How to Use This Literature Guide (cont.)

Vocabulary

Each teacher reference vocabulary overview page has definitions and sentences about how key vocabulary words are used in the section. These words should be introduced and discussed with students. Students will use these words in different activities throughout the book.

On some of the vocabulary student pages, students are asked to answer text-related questions about vocabulary words from the sections. The following question stems will help you create your own vocabulary questions if you'd like to extend the discussion.

- ¿De qué manera esta palabra describe la personalidad de _____ ?
- ¿De qué manera esta palabra se relaciona con el problema del cuento?
- ¿De qué manera esta palabra te ayuda a comprender el escenario?
- Dime de qué manera esta palabra se relaciona con la idea principal del cuento.
- ¿Qué imágenes te trae a la mente esta palabra?
- ¿Por qué crees que la autora usó esta palabra?

At times, you may find that more work with the words will help students understand their meanings and importance. These quick vocabulary activities are a good way to further study the words.

- Students can play vocabulary concentration. Make one set of cards that has the words on them and another set with the definitions. Then, have students lay them out on the table and play concentration. The goal of the game is to match vocabulary words with their definitions. For early readers or language learners, the two sets of cards could be the words and pictures of the words.

- Students can create word journal entries about the words. Students choose words they think are important and then describe why they think each word is important within the book. Early readers or English language learners could instead draw pictures about the words in a journal.

- Students can create puppets and use them to act out the vocabulary words from the stories. Students may also enjoy telling their own character-driven stories using vocabulary words from the original stories.

Introduction

How to Use This Literature Guide (cont.)

Analyzing the Literature

After you have read each section with students, hold a small-group or whole-class discussion. Provided on the teacher reference page for each section are leveled questions. The questions are written at two levels of complexity to allow you to decide which questions best meet the needs of your students. The Level 1 questions are typically less abstract than the Level 2 questions. These questions are focused on the various story elements, such as character, setting, and plot. Be sure to add further questions as your students discuss what they've read. For each question, a few key points are provided for your reference as you discuss the book with students.

Reader Response

In today's classrooms, there are often great readers who are below average writers. So much time and energy is spent in classrooms getting students to read on grade level that little time is left to focus on writing skills. To help teachers include more writing in their daily literacy instruction, each section of this guide has a literature-based reader response prompt. Each of the three genres of writing is used in the reader responses within this guide: narrative, informative/explanatory, and opinion. Before students write, you may want to allow them time to draw pictures related to the topic. Book-themed writing paper is provided on pages 69–70 if your students need more space to write.

Guided Close Reading

Within each section of this guide, it is suggested that you closely reread a portion of the text with your students. Page numbers are given, but since some versions of the books may have different page numbers, the sections to be reread are described by location as well. After rereading the section, there are a few text-dependent questions to be answered by students. Working space has been provided to help students prepare for the group discussion. They should record their thoughts and ideas on the activity page and refer to it during your discussion. Rather than just taking notes, you may want to require students to write complete responses to the questions before discussing them with you.

Encourage students to read one question at a time and then go back to the text and discover the answer. Work with students to ensure that they use the text to determine their answers rather than making unsupported inferences. Suggested answers are provided in the answer key.

How to Use This Literature Guide (cont.)

Guided Close Reading (cont.)

The generic open-ended stems below can be used to write your own text-dependent questions if you would like to give students more practice.

- ¿Qué palabras del cuento respaldan...?
- ¿Qué texto te ayuda a entender...?
- Usa el libro para explicar por qué sucedió _____.
- Basándote en los sucesos del cuento, ¿...?
- Muéstrame la parte del texto que apoya...
- Usa el texto para explicar por qué...

Making Connections

The activities in this section help students make cross-curricular connections to mathematics, science, social studies, fine arts, or other curricular areas. These activities require higher-order thinking skills from students but also allow for creative thinking.

Language Learning

A special section has been set aside to connect the literature to language conventions. Through these activities, students will have opportunities to practice the conventions of standard English grammar, usage, capitalization, and punctuation.

Story Elements

It is important to spend time discussing what the common story elements are in literature. Understanding the characters, setting, plot, and theme can increase students' comprehension and appreciation of the story. If teachers begin discussing these elements in early childhood, students will more likely internalize the concepts and look for the elements in their independent reading. Another very important reason for focusing on the story elements is that students will be better writers if they think about how the stories they read are constructed.

In the story elements activities, students are asked to create work related to the characters, setting, or plot. Consider having students complete only one of these activities. If you give students a choice on this assignment, each student can decide to complete the activity that most appeals to him or her. Different intelligences are used so that the activities are diverse and interesting to all students.

Introduction

How to Use This Literature Guide (cont.)

Culminating Activity

At the end of this instructional guide is a creative culminating activity that allows students the opportunity to share what they've learned from reading the book. This activity is open ended so that students can push themselves to create their own great works within your language arts classroom.

Comprehension Assessment

The questions in this section require students to think about the book they've read as well as the words that were used in the book. Some questions are tied to quotations from the book to engage students and require them to think about the text as they answer the questions.

Response to Literature

Finally, students are asked to respond to the literature by drawing pictures and writing about the characters and stories. A suggested rubric is provided for teacher reference.

Correlation to the Standards

Shell Education is committed to producing educational materials that are research and standards based. As part of this effort, we have correlated all of our products to the academic standards of all 50 states, the District of Columbia, the Department of Defense Dependents Schools, and all Canadian provinces.

Purpose and Intent of Standards

Standards are designed to focus instruction and guide adoption of curricula. Standards are statements that describe the criteria necessary for students to meet specific academic goals. They define the knowledge, skills, and content students should acquire at each level. Standards are also used to develop standardized tests to evaluate students' academic progress. Teachers are required to demonstrate how their lessons meet standards. Standards are used in the development of all of our products, so educators can be assured they meet high academic standards.

How To Find Standards Correlations

To print a customized correlation report of this product for your state, visit our website at http://www.shelleducation.com and follow the online directions. If you require assistance in printing correlation reports, please contact our Customer Service Department at 1-877-777-3450.

Introduction

Correlation to the Standards

Standards Correlation Chart

The lessons in this book were written to support the college and career readiness standards. The following chart indicates which lessons address the anchor standards.

College and Career Readiness Standard	Section
Read closely to determine what the text says explicitly and to make logical inferences from it; cite specific textual evidence when writing or speaking to support conclusions drawn from the text.	Guided Close Reading Sections 1–5; Story Elements Sections 1–2, 4–5; Post-Reading Response to Literature
Determine central ideas or themes of a text and analyze their development; summarize the key supporting details and ideas.	Making Connections Sections 2–3; Analyzing the Literature Sections 1–5; Guided Close Reading Sections 1–5; Post-reading Response to Literature
Analyze how and why individuals, events, or ideas develop and interact over the course of a text.	Analyzing the Literature Sections 1–5; Guided Close Reading Sections 1–5; Story Elements Sections 1–3, 5; Post-Reading Response to Literature
Interpret words and phrases as they are used in a text, including determining technical, connotative, and figurative meanings, and analyze how specific word choices shape meaning or tone.	Language Learning Section 1; Vocabulary Sections 1–5; Guided Close Reading Sections 1–5
Analyze the structure of texts, including how specific sentences, paragraphs, and larger portions of the text (e.g., a section, chapter, scene, or stanza) relate to one another and the whole.	Vocabulary Sections 1–5; Guided Close Reading Sections 1–5
Read and comprehend complex literary and informational texts independently and proficiently.	Entire Unit
Write arguments to support claims in an analysis of substantive topics or texts using valid reasoning and relevant and sufficient evidence.	Reader Response Sections 2, 4; Story Elements Section 2
Write informative/explanatory texts to examine and convey complex ideas and information clearly and accurately through the effective selection, organization, and analysis of content.	Reader Response Section 3
Write narratives to develop real or imagined experiences or events using effective technique, well-chosen details and well-structured event sequences.	Reader Response Sections 1, 5; Story Elements Section 5
Produce clear and coherent writing in which the development, organization, and style are appropriate to task, purpose, and audience.	Reader Response Sections 1–5; Story Elements Sections 2–3, 5; Culminating Activity

Introduction

Correlation to the Standards (cont.)

Standards Correlation Chart (cont.)

College and Career Readiness Standard	Section
Gather relevant information from multiple print and digital sources, assess the credibility and accuracy of each source, and integrate the information while avoiding plagiarism.	Culminating Activity
Demonstrate command of the conventions of standard English grammar and usage when writing or speaking.	Language Learning Sections 1, 4–5; Making Connections Section 5; Culminating Activity; Post-Reading Response to Literature
Demonstrate command of the conventions of standard English capitalization, punctuation, and spelling when writing.	Language Learning Sections 2–3
Determine or clarify the meaning of unknown and multiple-meaning words and phrases by using context clues, analyzing meaningful word parts, and consulting general and specialized reference materials, as appropriate.	Vocabulary Sections 1–5
Acquire and use accurately a range of general academic and domain-specific words and phrases sufficient for reading, writing, speaking, and listening at the college and career readiness level; demonstrate independence in gathering vocabulary knowledge when encountering an unknown term important to comprehension or expression.	Vocabulary Sections 1–5

About the Author—Katherine Applegate

Katherine Applegate has written many books. She writes for young adults as well as for children. She was born in Michigan, but she has lived in many places in the United States.

Applegate was inspired to write *The One and Only Ivan* after hearing the true story of a gorilla held for years in captivity. Her book won the 2013 Newbery Medal. This award is given to one book each year that is a great contribution to children's literature.

She often writes books with her husband. They are the co-authors of the Animorphs series. She lives in California and has two children. Her family has many different pets.

More information about Katherine Applegate and her books can be found at the following websites:

- http://theoneandonlyivan.com/author/
- http://www.harpercollins.com/authors/10991/Katherine_Applegate/index.aspx

Possible Texts for Text Comparisons

Have students compare the lives of Ivan, Stella, Ruby, and Bob to real animals by reading books similar to the following: *National Geographic Readers: Great Migrations Elephants* by Laura Marsh, *Gorillas* by Seymour Simon, and *A Dog's Life: Autobiography of a Stray* by Ann M. Martin.

Introduction

Book Summary of *The One and Only Ivan*

Katherine Applegate writes a touching story of Ivan, a silverback gorilla, who lives in captivity at The Big Top Mall and Video Arcade. Ivan lives in a small glass cage near his elephant friend, Stella, and a stray dog named Bob.

When Ruby, a baby elephant, joins them at the Big Top Mall, Ivan promises Stella he will find a way for Ruby to live in a better place. Ivan uses his artistic abilities to help Ruby and all the animals at the Big Top Mall.

The book is based on the true story of a gorilla who lived in a cage at a mall for 27 years before going to live at a zoo in Atlanta.

Cross-Curricular Connection

This book can be used to explore concepts such as friendship, making promises, ethical treatment of animals, and the education and conservation benefits of zoos.

Possible Texts for Text Sets

- Gibbons, Gail. *Gorillas*. Holiday House, 2011.
- Laidlaw, Rob. *Wild Animals in Captivity*. Fitzhenry & Whiteside, 2008.
- Nichols, Michael, and Elizabeth Carney. *Face to Face with Gorillas*. National Geographic Children's Books, 2009.
- Wolff, Becky. *Elephants! Learn About Elephants and Enjoy Colorful Pictures*. Amazon Digital Services, 2012.

or

- Hosey, Geoff, Vicky Melfi, and Sheila Pankhurst. *Zoo Animals: Behaviour, Management, and Welfare*. Oxford University Press, 2013.
- Nyhuis, Allen W., and Jon Wassner. *America's Best Zoos: A Travel Guide for Fans & Families*. The Intrepid Traveler, 2008.
- Robinson, Phillip T. *Life at the Zoo: Behind the Scenes with the Animal Doctors*. Columbia University Press, 2007.

Introducción

Nombre _____ Fecha _____

Prelectura: pensamientos sobre el tema

Instrucciones: Para cada afirmación, dibuja una carita feliz o una carita triste. La carita debe mostrar lo que piensas de la afirmación. Luego, usa palabras para explicar por qué piensas de esa manera.

Afirmación	¿Qué piensas? 🙂 ☹	¿Por qué piensas así?
Los animales deberían estar en jaulas.		
Los animales que se presentan en los circos entretienen a las personas que los ven.		
Un zoológico es un buen hogar para un animal salvaje.		
Los animales pueden tener amigos.		

Teacher Plans–Section 1

Ivan at the Big Top Mall (pages 15–74)

Vocabulary Overview

Key words and phrases from this section are provided below with definitions and sentences about how the words are used in the story. Introduce and discuss these important vocabulary words with students. If you think these words or other words in the story warrant more time devoted to them, there are suggestions in the introduction for other vocabulary activities (page 5).

Palabra	Definición	Oración sobre el texto
espalda plateada (p. 16)	un gorila adulto	Iván es un poderoso **espalda plateada**.
majestuoso (p. 18)	grandioso o maravilloso	Su sombra es **majestuosa**.
dominios (p. 21)	territorio o casa	Los **dominios** de Iván están hechos de vidrio, metal y cemento.
selva (p. 21)	un bosque tropical con muchas plantas y árboles	Una de las paredes pintadas tiene una escena de la **selva**.
imaginación (p. 35)	pensamiento creativo	Los humanos piensan que los gorilas no tienen **imaginación**.
cadenas (p. 45)	esposas para las piernas o los brazos	Hay **cadenas** en las patas del elefante.
indomable (p. 52)	que no es dócil	Él es un animal salvaje, o **indomable**.
filósofos (p. 65)	grandes pensadores	Las gorilas son **filósofos**.
jovencito (p. 67)	una cría; una criatura joven	Iván fue capturado cuando era aún un **jovencito**.
expresión (p. 71)	la emoción que se ve en la cara	Tiene la **expresión** avinagrada.

Nombre _____ Fecha _____

Iván en el centro comercial Gran Circo

Actividad del vocabulario

Instrucciones: Traza lineas para completar las oraciones.

Comienzos de oraciones	Finales de oraciones
El centro comercial Gran Circo	para pintar y hacer dibujos.
Iván es un poderoso	**espalda plateada**.
Fue capturado cuando	era aún un **jovencito**.
Sus **dominios** están	no se compara con una **selva** de verdad.
Julia usa su **imaginacion**	en el centro comercial Gran Circo.

Instrucciones: Responde esta pregunta.

1. ¿Cuáles tres cosas le gustan más a Iván sobre sus dominios selváticos en el centro comercial Gran Circo?

_____

_____

Teacher Plans–Section 1

Ivan at the Big Top Mall (pages 15–74)

Analyzing the Literature

Provided below are discussion questions you can use in small groups, with the whole class, or for written assignments. Each question is written at two levels so you can choose the right question for each group of students. For each question, a few key points are provided for your reference as you discuss the book with students.

Story Element	Level 1 Questions for Students	Level 2 Questions for Students	Key Discussion Points
Character	¿Dónde viven los elefantes y los gorilas por naturaleza?	¿Cómo crees que se sienten el elefante y el gorila respecto a vivir en un centro comercial en lugar de su medio ambiente natural?	Elephants and gorillas naturally live in grasslands and jungles. Stella and Ivan are captured and taken away from their homes to perform in the circus and at the Big Top Mall. They are probably unhappy and would like to be in their natural environments.
Character	Bob es el único animal que eligió vivir en el centro comericial Gran Circo. ¿Por qué le gusta vivir allí?	¿En qué se diferencia la vida de Bob en el centro comercial Gran Circo de la de los otros animales?	Bob is abandoned on a freeway when he is a puppy and has no place to go. Finding the Big Top Mall is good for him because he has access to food and a warm place to sleep. He is not kept in a cage like the other animals and can come and go as he pleases. At the Big Top Mall, Bob is safe and has friends.
Setting	Describe los dominios de Iván.	Describe qué piensa Iván sobre sus dominios.	Ivan's domain is small and is painted to look like a jungle on one wall. The other three walls are glass. It has a small pool of dirty water. Ivan gets bored in his domain. He probably wishes he had more space and more things to do.
Setting	¿En qué se diferencian los dominios de Iván de los de una selva?	¿Qué piensas que le gustaría cambiar a Iván respecto al lugar donde vive?	A jungle has trees, clean water, fresh air, and fresh food. A jungle also has other gorillas. Ivan probably wants his domain to be more like a real jungle, but really, Ivan would probably be happiest if he were not in captivity at all.

Nombre _____ Fecha _____

Reflexión del lector

En el centro comercial Gran Circo, Iván no está feliz en sus dominios, pero tiene dos amigos queridos: Stella y Bob.

Tema de escritura narrativa

Escribe sobre tus mejores amigos y cómo te ayudan a sentirte mejor en momentos tristes.

_____
_____
_____
_____
_____
_____
_____
_____
_____
_____

Iván en el centro comercial Gran Circo

Nombre _____ Fecha _____

Lectura enfocada guiada

Vuelve a leer detenidamente sobre Iván y los dibujos que hace (páginas 30–35).

Instrucciones: Piensa en estas preguntas. En los espacios, escribe ideas o haz dibujos mientras piensas en las respuestas. Prepárate para compartir tus respuestas.

❶ ¿Qué parte del texto te ayuda a entender cómo se siente Iván al hacer dibujos?

❷ Explica la diferencia entre los dibujos de Julia y los de Iván.

❸ Basándote en el cuento, ¿qué piensa Iván de su arte?

Nombre _____ Fecha _____

Iván en el centro comercial Gran Circo

Relacionarse: ser un artista

Instrucciones: Julia pinta las ideas que ve en su imaginación. Iván pinta lo que ve en su jaula. En la primera casilla, haz un dibujo de algo que puedes ver cerca de ti en este momento. En la segunda casilla haz un dibujo de una idea que está en tu mente. Describe cada imagen con una oración.

_____   _____

_____   _____

_____   _____

_____   _____

_____   _____

Iván en el centro comercial Gran Circo

Nombre _____ Fecha _____

Aprendizaje del lenguaje: metáforas

Instrucciones: Vuelve a escribir cada símil para convertirlo en una metáfora. Ya se ha hecho la primera oración como ayuda.

> ### ¡Pistas del lenguaje!
>
> - Iván dice que Stella es una montaña. Esa es una **metáfora**. Stella no es realmente una montaña. Lo que Iván quiere decir es que es muy grande.
> - Iván pudo haber dicho que Stella es tan grande como una montaña. Este es un **símil** porque se usan las palabras *tan...como* o *igual de...que*.

1. Stella es tan grande como una montaña.

   Stella es una montaña.

2. Bob es tan pequeño como un ratón.

   _____

3. La foca actúa como un payaso.

   _____

4. El oso malayo es tan suave como una bolita de algodón.

   _____

5. El gorila es igual de juguetón que una nutria.

   _____

Nombre _____ Fecha _____

Iván en el centro comercial Gran Circo

Elementos del texto: personaje

Instrucciones: Iván, Stella y Bob son amigos del centro comercial Gran Circo. Piensa en lo que sabes sobre ellos.

	Iván	**Stella**	**Bob**
¿De dónde viene?			
¿Cómo llega al centro comercial Gran Circo?			
¿Qué tiene de especial él o ella?			
Escribe una o dos cosas que le gustan del centro comercial.			
Escribe tres palabras que lo describen o la describen.			

Iván en el centro comercial Gran Circo

Nombre _____ Fecha _____

Elementos del texto: escenario

Instrucciones: El centro comercial Gran Circo es un pequeño circo. Los animales actúan y tiene jaulas o dominios donde viven. Cada animal tiene un tipo de dominio distinto al de los otros. En la casilla, haz un mapa de cómo imaginas el centro comercial Gran Circo. Incluye el área del espectáculo, los dominios de los animales y la oficina del encargado.

Teacher Plans–Section 2

Ruby and Stella (pages 75-134)

Vocabulary Overview

Key words and phrases from this section are provided below with definitions and sentences about how the words are used in the story. Introduce and discuss these important vocabulary words with students. If you think these words or other words in the story warrant more time devoted to them, there are suggestions in the introduction for other vocabulary activities (page 5).

Palabra	Definición	Oración sobre el texto
consolando (p. 89)	confortar	Stella está ocupada **consolando** a la pequeña Ruby.
lamentarse (p. 89)	sentir pena, verse triste	Iván se **lamenta** cuando Stella no le hace caso.
rezonga (p. 89)	se queja	Bob **rezonga** cuando perturban sus siestas.
ancestro (p. 93)	antepasado	Bob está incierto sobre sus **ancestros**.
queja (p. 109)	gime o llora bajito	Stella se **queja** del dolor de su pata.
alternativa (p. 111)	la oportunidad	Stella no tuvo la **alternativa** de tener crías.
pensativa (p. 111)	que piensa profundamente	Ella contempla **pensativa** cómo sería ser mamá.
capturaron (p. 117)	tomaron como prisionero	Los humanos **capturaron** a Ruby y la llevaron al circo.
impredecible (p. 118)	que no se puede predecir o entender	Los humanos suelen ser muy **impredecibles**.
confundida (p. 126)	turbada	El dolor tiene **confundida** a Stella.

Ruby y Stella

Nombre _____ Fecha _____

Actividad del vocabulario

Instrucciones: Elige al menos dos palabras del cuento. Haz un dibujo que muestre qué significan estas palabras. Rotula la imagen.

Palabras del cuento

| consolando | lamentarse | rezonga | ancestro | queja |
| alternativa | pensativa | capturaron | impredecible | confundida |

Instrucciones: Responde esta pregunta.

1. Además de consolarla, ¿qué hace Stella para mostrarle a Ruby que la quiere?

_____

Ruby and Stella (pages 75-134)

Analyzing the Literature

Provided below are discussion questions you can use in small groups, with the whole class, or for written assignments. Each question is written at two levels so you can choose the right question for each group of students. For each question, a few key points are provided for your reference as you discuss the book with students.

Story Element	Level 1 Questions for Students	Level 2 Questions for Students	Key Discussion Points
Character	¿Comó sabe Stella que una elefanta bebé llegará al centro comercial?	¿Por qué Stella no está feliz de que llegue una elefanta bebé a vivir con ella?	Stella says she can hear the baby elephant crying for its mother. She is probably not happy because she knows the baby has been taken from its family. She also knows that the living conditions at the Big Top Mall are not good.
Setting	¿Qué dice Ruby que hacía siempre cuando estaba con el circo?	¿En qué se diferencia el centro comercial Gran Circo del antiguo circo de Ruby?	Ruby says there were other elephants at the circus. Every day they walked in a circle and ate breakfast and then their feet were chained up. At the Big Top Mall, the animals live in small cages and they do not get out to move around unless they are performing in a show.
Plot	¿Qué promesa le hace Iván a Stella?	¿Por qué piensa Iván que dejar de ser un gorila sería más sencillo que cumplir la promesa?	Ivan promises that he will take care of Ruby and that he will somehow give her a better life. Ivan is not sure he can do that for Ruby because he does not even know how he can save himself from his life of captivity. He is probably going to try to think of a way to help her.
Character	¿Cómo se siente Iván cuando muere Stella?	¿Cómo describe Iván sus sentimientos después de que muere Stella?	Ivan is very sad to lose Stella. He wishes his heart could be made of ice so he would not have to feel the sadness. He says it feels like he has forgotten how to breathe. Stella was such an important part of Ivan's life that he probably does not feel like himself now that she is gone.

Ruby y Stella

Nombre _____ Fecha _____

Reflexión del lector

Piensa

Iván le promete a Stella que se ocupará de Ruby y que le dará una vida diferente de la vida de un elefante enjaulado en un centro comercial. Iván no sabe cómo va a cumplir su palabra.

Tema de escritura de opinión

¿Que piensas que puede hacer Iván para que Ruby viva en un lugar mejor? Escribe lo que Iván debería hacer para que Ruby esté segura y para darle una mejor vida que la de Stella.

_____
_____
_____
_____
_____
_____
_____
_____
_____

Nombre _____ Fecha _____

Ruby y Stella

Lectura enfocada guiada

Vuelve a leer detenidamente la historia que cuenta Stella sobre Jambo (páginas 77–80).

Instrucciones: Piensa en estas preguntas. En los espacios, escribe ideas o haz dibujos mientras piensas en las respuestas. Prepárate para compartir tus respuestas.

❶ ¿Cómo sabes que a Iván le gustan las historias con finales felices?

❷ ¿De qué manera describe Stella un buen zoológico?

❸ ¿Qué palabras de la historia de Stella muestran que Jambo quería proteger al niño?

Ruby y Stella

Nombre _____ Fecha _____

Relacionarse: libertad y cautiverio

Instrucciones: Vivir en cautiverio significa que se lo llevaron de su hogar y no puede regresar. Los animales que viven en la naturaleza tienen vidas muy distintas a los que viven en jaulas o en zoológicos. Clasifica las condiciones de vida en dos grupos: *Vivir en la naturaleza* y *Vivir en cautiverio*.

Vivir en la naturaleza	Vivir en cautiverio

- No hay mucho contacto con otros animales.
- Se provee la comida.
- Hay espacio para deambular.
- Está encerrado tras rejas o vidrio.
- Es un entorno hecho por los humanos.
- Tiene que buscar la comida.
- Hay contacto con otros animales salvajes.
- Está encerrado en un área pequeña.
- Es un entorno natural.
- Hay libertad de hacer lo que quiera.

Nombre _____ Fecha _____

Ruby y Stella

Aprendizaje del lenguaje: uso de mayúsculas

Instrucciones: Vuelve a escribir cada oración. Usa las mayúsculas correctamente.

¡Pistas del lenguaje!

- Usa una letra mayúscula al comienzo de cada oración.
- Usa una letra mayúscula en cada nombre o sustantivo propio.

1. stella y ruby se hacen amigas.

   _____

2. iván vive en el centro comercial gran circo.

   _____

3. julia le da a iván papel y crayones.

   _____

4. iván nació en áfrica.

   _____

5. el verdadero iván vivía en el zoológico de atlanta.

   _____

6. ruby quiere a stella como a una madre.

   _____

Ruby y Stella

Nombre _____ Fecha _____

Elementos del texto: trama

Instrucciones: Ruby tiene miedo de salir del camión hasta que ve a Stella. Cuando las elefantas están juntas, entrecruzan las trompas, abanican las orejas y se mecen. Ruby se agarra de la cola de Stella. Haz un dibujo que muestre a Ruby y a Stella juntas.

Nombre _____ Fecha _____

Ruby y Stella

Elementos del texto: personaje

Instrucciones: Iván se lamenta cuando ve a Ruby y a Stella juntas. Imagina que eres Iván y escríbele una carta a Stella diciéndole cómo te sientes.

Querida Stella:

_____

_____

_____

_____

_____

_____

_____

_____

_____

_____

Con cariño,

Iván

Teacher Plans—Section 3

Keeping the Promise (pages 135–192)

Vocabulary Overview

Key words and phrases from this section are provided below with definitions and sentences about how the words are used in the story. Introduce and discuss these important vocabulary words with students. If you think these words or other words in the story warrant more time devoted to them, there are suggestions in the introduction for other vocabulary activities (page 5).

Palabra	Definición	Oración sobre el texto
resoplido (p. 138)	bufido	El gorila amonesta con un **resoplido** que indica que ya es suficiente.
gesto (p. 140)	mueca o seña	El padre de Iván sabe mantener el orden con un simple **gesto**.
glamorosa (p. 146)	con encanto y emoción	Al principio, la vida de Iván en el mundo de los humanos fue **glamorosa**.
dignidad (p. 156)	respeto por sí mismo	Iván trata de moverse con **dignidad**.
descifrar (p. 167)	entender	Iván no puede **descifrar** la expresión de Ruby después de que golpea a Mack.
instalan (p. 167)	acomodan	**Instalan** a Ruby en sus dominios después de un largo día de entrenamiento.
alentador (p. 171)	que anima e inspira confianza	Iván trata de mostrarse **alentador** ante Julia.
burlona (p. 175)	llena de ironía	La risa de Bob es **burlona**.
compensación (p. 179)	algo que corrige una situación	Los humanos les hacen una **compensación** a los animales.
complacida (p. 189)	contenta, satisfecha	Ruby se ve **complacida** por el cuadro que menciona Iván.

Nombre _____ Fecha _____

Cumplir la promesa

Actividad del vocabulario

Instrucciones: Recorta las tiritas de las oraciones. Pon las oraciones en orden cronológico. Puedes fijarte en el cuento como ayuda.

Iván trata de mostrarse **alentador** ante el cuadro de Julia.

Iván no puede **descifrar** la expresión de Ruby después de que golpea a Mack.

Ruby se ve **complacida** por el cuadro que menciona Iván.

Bob suelta una risa **burlona** sobre Mack cuando recibe el golpe de Ruby.

Iván le dice a Ruby que un zoológico es el lugar donde los humanos les hacen una **compensación**.

Teacher Plans–Section 3

Keeping the Promise (pages 135–192)

Analyzing the Literature

Provided below are discussion questions you can use in small groups, with the whole class, or for written assignments. Each question is written at two levels so you can choose the right question for each group of students. For each question, a few key points are provided for your reference as you discuss the book with students.

Story Element	Level 1 Questions for Students	Level 2 Questions for Students	Key Discussion Points
Character	¿Qué recuerda Iván sobre convivir con su familia?	¿Cómo crees que se siente Iván cuando se acuerda de su familia?	Ivan remembers how he and his sister were named. He remembers how they played and jumped on their father. He also remembers when the humans killed his mother and father. He is happy when he remembers his family, but he is sad that he is not with them anymore.
Character	¿Qué hace Ruby cuando Mack intenta entrenarla?	¿Por qué crees que Ruby no se mueve cuando Mack le ordena que lo haga?	Ruby refuses to move. She sits down and will not do what Mack says. When Mack swings a stick at her, she knocks him down with her trunk and hurts him. She probably does not like Mack telling her what to do, so when she gets tired she becomes stubborn.
Plot	¿Qué cosa nueva le trae Julia a Iván?	¿Qué piensa Iván de las pinturas?	Julia brings fingerpaints to Ivan. He is fascinated with the paints because the colors are bright and they spread out on the paper.
Plot	¿En qué proyecto trabaja Iván por las noches?	¿De qué manera el proyecto de Iván le ayudará a cumplir la promesa que le hizo a Stella?	Ivan begins painting at night. He makes many paintings on several sheets of paper. He is probably going to use his artwork to help get Ruby to a better place.

Nombre _____ Fecha _____

Cumplir la promesa

Reflexión del lector

Piensa

Iván intenta pensar en un plan para ayudar a Ruby. Él quiere que ella viva en un zoológico, así que empieza un proyecto con sus cuadros. Espera que su plan solucione el problema de que Ruby se pase la vida dentro de una jaula.

Tema de escritura informativa/narrativa

Piensa en un momento en el que debías resolver un problema. Describe los pasos que tomaste para resolverlo. ¿Funcionó tu plan?

_____
_____
_____
_____
_____
_____
_____
_____
_____
_____

Cumplir la promesa

Nombre _____ Fecha _____

Lectura enfocada guiada

Vuelve a leer detenidamente el entrenamiento de Mack con Ruby y lo que sucede después (páginas 161–169).

Instrucciones: Piensa en estas preguntas. En los espacios, escribe ideas o haz dibujos mientras piensas en las respuestas. Prepárate para compartir tus respuestas.

❶ Usa el texto para describir qué piensa Bob sobre Mack y cómo trata a Ruby.

❷ Basándote en el cuento, ¿cómo sabes que Julia y George esperan que Mack trate mejor a Ruby?

❸ ¿Qué parte del texto muestra que George no siente lástima por Mack cuando Ruby lo golpea con la trompa?

Nombre _____ Fecha _____

Cumplir la promesa

Relacionarse: promesas, promesas

Instrucciones: Piensa en un momento en el que le hiciste una promesa a un amigo o a un miembro de tu familia. Responde las preguntas sobre tu promesa.

1. ¿Cuál fue la promesa?

   _____
   _____

2. ¿A quién le hiciste la promesa?

   _____
   _____

3. ¿Por qué hiciste esta promesa?

   _____
   _____

4. ¿Por qué fue importante cumplir la promesa?

   _____
   _____

5. ¿Cómo cumpliste tu promesa?

   _____
   _____

Cumplir la promesa

Nombre _____ Fecha _____

Aprendizaje del lenguaje: comillas

Instrucciones: Las comillas se usan para mostrar lo que dicen textualmente los personajes. Vuelve a escribir cada oración usando comillas.

¡Pistas del lenguaje!

- Pon comillas a cada lado de las palabras textuales de los personajes.
- La coma (o los dos puntos) separa la cita del resto de la oracion.

1. Puedo salvar a Ruby, dice Iván.

   _____

2. Stella dice: Los humanos son impredecibles.

   _____

3. Me alegro de que Ruby haya golpeado a Mack, gruñe Bob.

   _____

4. Papá, ven a ver lo que creó Iván, exclama Julia.

   _____

   _____

5. Hemos pasado por tantas cosas, Iván, dice Mack.

   _____

   _____

Nombre _____ Fecha _____

Cumplir la promesa

Elementos del texto: personajes

Instrucciones: Bob e Iván miran a Mack mientras intenta entrenar a Ruby. Bob gruñe. Se ríe cuando se lastima Mack. Si Bob pudiera hablar con Mack, ¿qué crees que le diría? Haz un dibujo de la escena. Usa globos de diálogo para mostrar lo que le diría Bob a Mack.

Cumplir la promesa

Nombre _____ Fecha _____

Elementos del texto: personajes

Instrucciones: Iván le promete a Stella que de alguna manera se asegurará de que Ruby no tenga que vivir toda la vida en el centro comercial Gran Circo. Iván trata de pensar en un plan. Imagina que eres Iván. Describe tu plan usando este diagrama para mostrar todos los pasos.

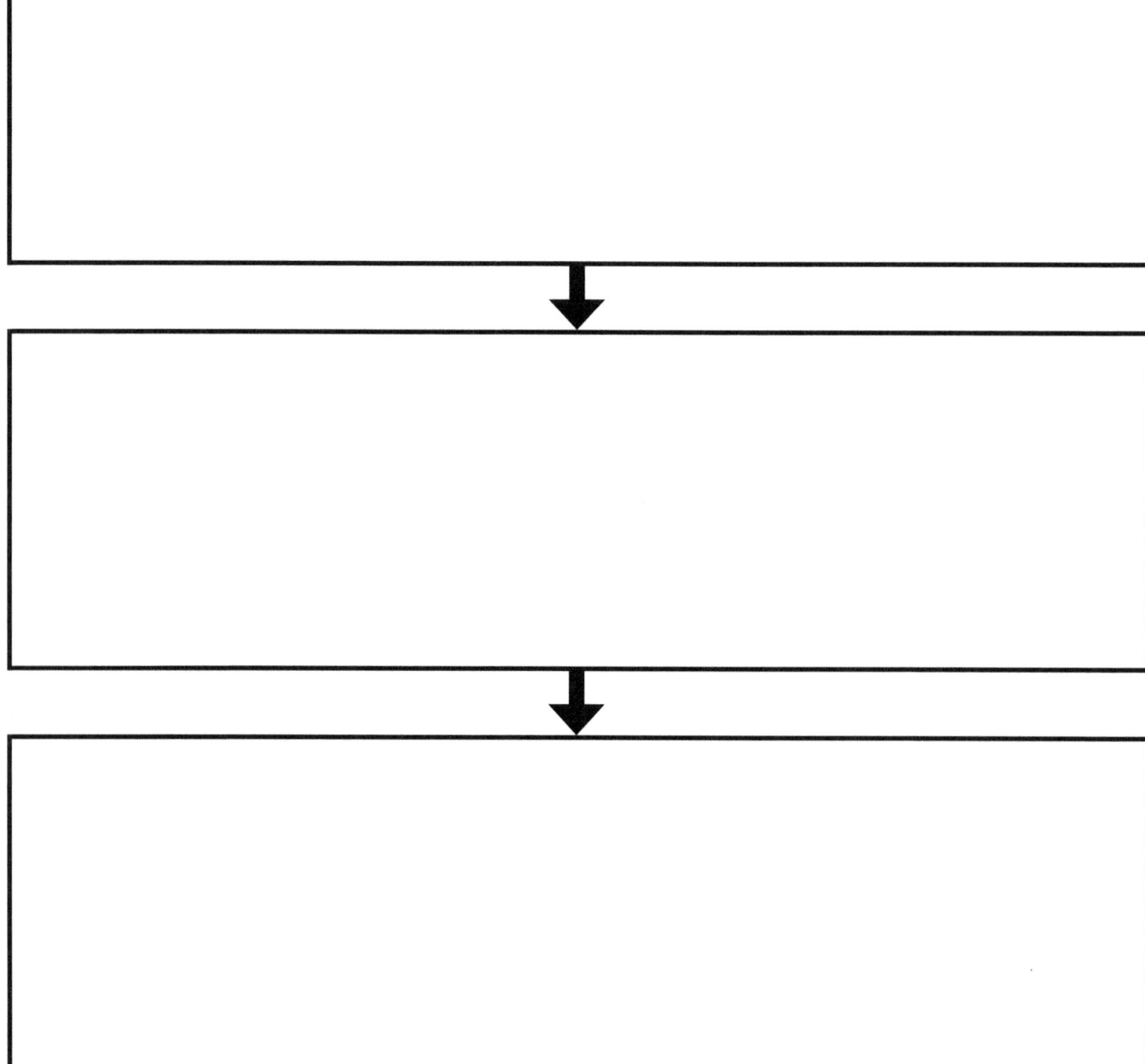

Teacher Plans–Section 4

The Plan Works! (pages 193–253)

Vocabulary Overview

Key words and phrases from this section are provided below with definitions and sentences about how the words are used in the story. Introduce and discuss these important vocabulary (page 5).

Palabra	Definición	Oración sobre el texto
mordisquea (p. 194)	masca	Bob **mordisquea** su cola.
espaciosa (p. 202)	amplia	Bob piensa que la panza de Iván es **espaciosa**.
temperamental (p. 205)	sensible; que cambia de humor rápidamente	Bob piensa que Iván es un pintor **temperamental**.
monstruosidad (p. 211)	algo enorme y poco atractivo	El anuncio es una **monstruosidad**.
sin ganas (p. 213)	con mal humor o tristeza	Ruby camina **sin ganas** durante la función.
desorden (p. 223)	desbarajuste	Las pinturas de Iván yacen en **desorden** en el suelo.
coincidencia (p. 228)	algo que ocurre al azar o accidentalmente	George piensa que la palabra de Iván es pura **coincidencia**.
publicidad (p. 231)	atención del público	Un anuncio trae la **publicidad**.
principios (p. 233)	hacer lo correcto	Es un asunto de **principios**.
manifestantes (p. 248)	personas en contra de algo	Los **manifestantes** sostienen pancartas en el estacionamiento.

¡El plan funciona!

Nombre _____ Fecha _____

Actividad del vocabulario

Instrucciones: Completa cada oracion a continuación. Usa una de las palabras del cuento.

manifestantes	publicidad	coincidencia	espaciosa
mordisquea	monstruosidad	principios	desorden

1. El anuncio es una _____.

2. El anuncio trae _____ a Ruby.

3. Salvar a Ruby es un asunto de _____.

4. Los _____ están enfadados porque Ruby vive en una jaula.

Instrucciones: Responde esta pregunta.

5. ¿Qué piensas que sentirá Iván cuando lleven a Ruby a un zoológico **espacioso**?

_____

_____

_____

_____

_____

The Plan Works! (pages 193-253)

Analyzing the Literature

Provided below are discussion questions you can use in small groups, with the whole class, or for written assignments. Each question is written at two levels so you can choose the right question for each group of students. For each question, a few key points are provided for your reference as you discuss the book with students.

Story Element	Level 1 Questions for Students	Level 2 Questions for Students	Key Discussion Points
Setting	Iván ve un anuncio en la tele sobre el zoológico. ¿Cómo es el hogar de un elefante en el zoológico?	¿En qué se parecen y en qué se diferencian el medio ambiente del zoológico y el hogar de un elefante en la naturaleza?	Ivan sees that the elephants live in a place with trees and they are outside. There are many elephants living together. It is similar to their home in the wild because they have room to move and there is fresh air and trees. It is different because there are walls and they are not truly free.
Character	¿A quién quiere darle Iván sus dibujos?	¿Por qué piensa Iván que Julia debería ser la primera persona en ver su obra?	Ivan gives his paintings to Julia. He thinks she will understand because she is an artist. He thinks she might take the time to put the painting together and figure out his message. He is right!
Character	¿Quién le ayuda a Iván a mostrarle a Julia el mensaje de su dibujo?	¿Por qué piensas que Bob quiere ayudar a Ivan?	Bob helps Ivan by holding up some of the paintings in his mouth. Bob does not like the humans. He is not happy that Ivan, Stella, Ruby, and the others were captured. Ivan is Bob's friend, and Bob wants to help Ivan fulfill his promise.
Plot	¿Qué sucede como resultado del nuevo anuncio y el artículo del periódico?	¿Por qué piensas que Julia quiere colocar su dibujo de Iván en el anuncio?	Lots of people take interest in the animals at the Big Top Mall. Julia is probably hoping that attention to the place will result in Ruby going to a zoo and not being mistreated by Mack anymore.

¡El plan funciona!

Nombre _____ Fecha _____

Reflexión del lector

Piensa

Iván no quiere que Ruby viva en el centro comercial Gran Circo. Quiere que esté en un lugar donde tenga espacio para deambular y donde pueda convivir con otros elefantes.

Tema de escritura de opinión

¿Qué piensas sobre los animales que viven en cautiverio? Escribe tu opinión sobre si a los animales se les debería o no sacar de la naturaleza para que vivan en un circo o en un zoológico.

_____
_____
_____
_____
_____
_____
_____
_____
_____

Nombre _____ Fecha _____

¡El plan funciona!

Aprendizaje del lenguaje: posesivo

Instrucciones: Vuelve a escribir cada frase usando el posesivo. La primera ya se ha hecho como ayuda.

> ### ¡Pistas del lenguaje!
> - El posesivo es una palabra que muestra de quién es algo o alguien.
> - Por ejemplo, Ruby es la amiga *de* Iván. Ruby es la amiga que pertenece a Iván.

1. la amiga que pertenece a Iván

   la amiga de Iván

2. los crayones que le pertenecen a Julia

   _____

3. la jaula que le pertenece a Stella

   _____

4. el centro comercial que le pertenece a Mack

   _____

5. la trompa que le pertenece a Ruby

   _____

6. la escoba que usa George

   _____

Nombre _____ Fecha _____

Elementos del texto: escenario

Instrucciones: Julia describe lo que ve en los dibujos de Iván en las paginas 225–229. Haz un dibujo del anuncio que describió Julia con el dibujo y la palabra que deletreó Iván.

Nombre _____ Fecha _____

¡El plan funciona!

Lectura enfocada guiada

Vuelve a leer detenidamente cómo Iván llama la atención de Julia sobre su rompecabezas de dibujos (páginas 220–233).

Instrucciones: Piensa en estas preguntas. En los espacios, escribe ideas mientras piensas en las respuestas. Prepárate para compartir tus respuestas.

❶ Los gorilas se golpean el pecho cuando tratan de proteger a alguien. Usa el texto para describir qué otra cosa hace Iván para llamar la atención de Julia y de su padre.

❷ ¿Qué ve Julia en los dibujos de Iván que comprueba que dibuja a Ruby en el zoológico?

❸ ¿Cómo sabes que George teme que a Mack no le guste el nuevo anuncio?

¡El plan funciona!

Nombre _____ Fecha _____

Relacionarse: conseguir publicidad

Instrucciones: Los anuncios se usan para llamar la atención de alguien sobre varias cosas. Unos anuncios informan sobre tiendas. Algunos informan sobre restaurantes. Otros llaman la atención sobre acontecimientos. Piensa en algo que te gustaría promover en un anuncio. Podría ser un acontecimiento escolar o un sitio preferido. Podrías incluso promover la llegada de un hermanito. Haz un dibujo del anuncio en este espacio.

Nombre _____ Fecha _____

¡El plan funciona!

Elementos del texto: trama

Instrucciones: Completa el mapa del cuento con los acontecimientos que sucedieron, empezando con el anuncio que pone George y terminando con la visita de la señora del zoológico.

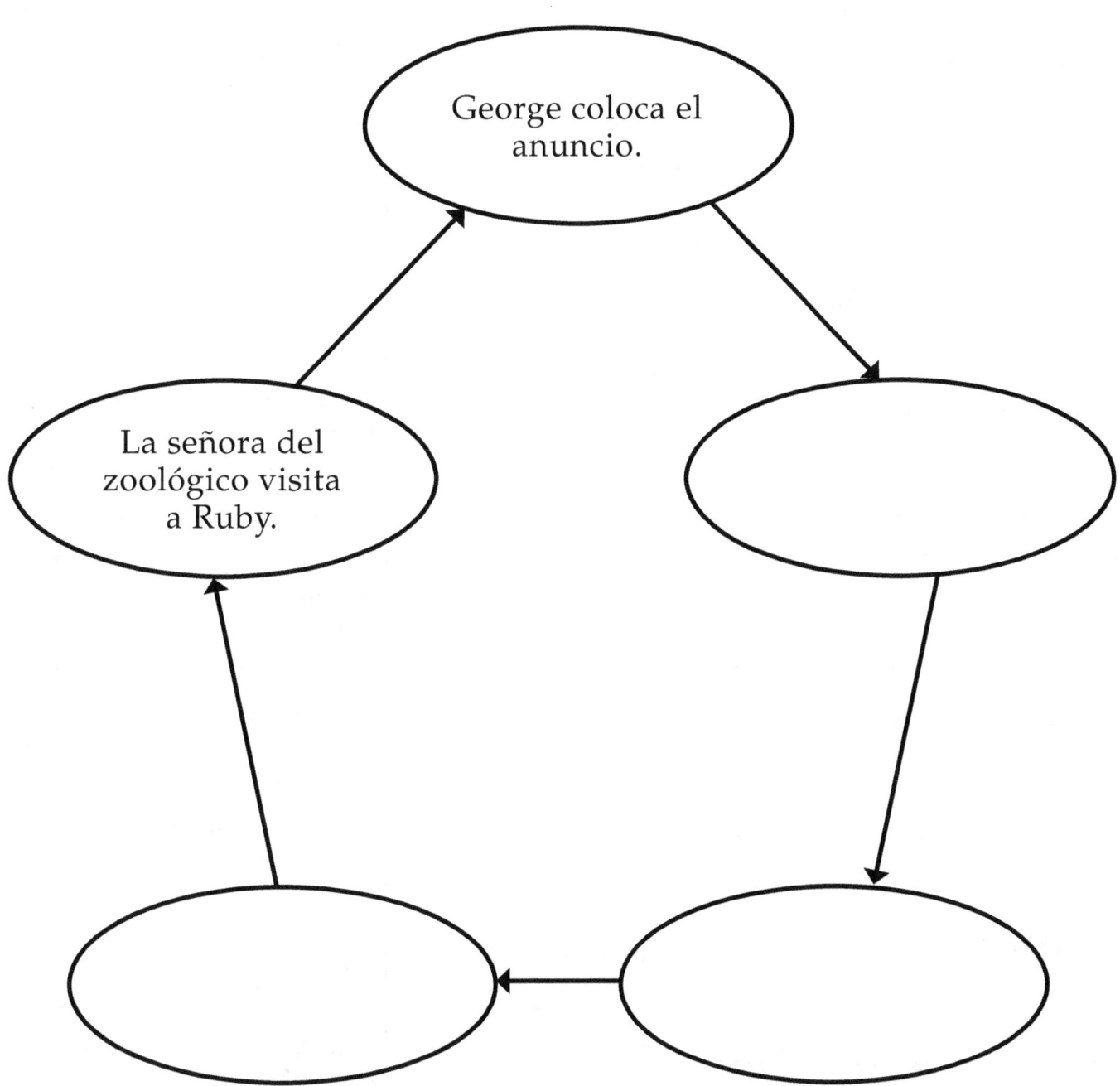

A New Life for All (pages 254–314)

Vocabulary Overview

Key words and phrases from this section are provided below with definitions and sentences about how the words are used in the story. Introduce and discuss these important vocabulary words with students.

Palabra	Definición	Oración sobre el texto
retira (p. 254)	retrocede, se va	El doctor se **retira** cuando Iván se golpea el pecho.
salen adelante (p. 259)	los que tienen éxito a pesar de las dificultades	George dice que Bob es de los que **salen adelante**.
concentrados (p. 269)	que están muy atentos	Las personas con batas blancas se ven **concentrados**.
a gusto (p. 281)	contento, satisfecho	Los gorilas en la tele viven **a gusto**.
plácidos (p. 281)	pacíficos, calmados	Los gorilas son **plácidos**.
socializar (p. 287)	interactuar con los demás	Iván tiene miedo de **socializar** con los demás gorilas.
retrocede (p. 291)	toma un paso atrás, se achica	Iván **retrocede** cuando tiene miedo.
cede (p. 295)	se rinde	Iván **cede** cuando Maya le pide que vuelva a la jaula de vidrio.
hábitat (p. 302)	entorno; lugar donde vivir	Hay **hábitats** de distintos animales en el zoológico.
hace señas (p. 309)	llama	Unos de los cuidadores le **hace señas** a Iván.

Nombre _____ Fecha _____

Una nueva vida para todos

Actividad del vocabulario

Instrucciones: Practica tus destrezas de escritura. Escribe al menos tres oraciones usando las palabras del cuento.

Palabras del cuento

retira	salen adelante	concentrados	a gusto	plácidos
socializar	retrocede	cede	hábitat	hace señas

_____

_____

_____

_____

_____

_____

_____

Instrucciones: Responde la pregunta.

1. ¿Por qué crees que Iván **retrocede** y no **socializa** con los demás gorilas al principio?

_____

_____

Teacher Plans–Section 5

A New Life for All (pages 254–314)

Analyzing the Literature

Provided below are discussion questions you can use in small groups, with the whole class, or for written assignments. Each question is written at two levels so you can choose the right question for each group of students. For each question, a few key points are provided for your reference as you discuss the book with students.

Story Element	Level 1 Questions for Students	Level 2 Questions for Students	Key Discussion Points
Characters	¿Qué hacen las personas del zoológico para que Ruby e Iván se acostumbren a las cajas?	¿Por qué las personas del zoológico no simplemente empujan a Ruby y a Iván dentro de las cajas?	The people from the zoo try to coax Ruby and Ivan into the boxes using a clicker and treats. They probably do not want to frighten them. They want to treat them humanely and not cause them to be fearful as they are moved to their new homes.
Characters	¿Qué le dice Ruby a Iván cuando se mete a la caja?	¿Por qué tiene miedo Ruby de irse del centro comercial Gran Circo para vivir en el zoológico?	Ruby says she is afraid and that she doesn't want to leave Ivan. The Big Top Mall is not a good place to live but Ruby is familiar with it and she has friends. She doesn't know if the other elephants at the zoo will like her.
Plot	¿A qué lugar del zoológico llevan primero a Iván?	¿Por qué crees que a Iván lo ponen primero en una jaula y no con los demás gorilas?	Ivan is taken to a clean cage at the zoo. They probably want to help him adjust to living with other gorillas, so they have him watch the gorillas on a TV. Then, they let him see the other gorillas through the glass. The gorillas need time to get used to each other.
Setting	¿En qué se diferencia el nuevo hogar de Iván del centro comercial Gran Circo?	¿En qué se parece el nuevo hogar de Iván al hogar del que lo sacaron de bebé?	Ivan's new home at the zoo gives him more freedom and space to move around. It has an outdoor area with trees, grass, and bugs. There are other gorillas there. It still has walls and is a cage of sorts, but it is more like his natural home.

Nombre _____ Fecha _____

Una nueva vida para todos

Reflexión del lector

Piensa
En su nuevo hogar en el zoológico, Iván se une a una nueva familia de gorilas. Juegan a perseguirse. Se duermen bajo el sol. Se quitan los insectos del pelaje.

Tema de escritura narrativa
Escribe sobre un día en la vida de Iván con su nueva familia.

_____
_____
_____
_____
_____
_____
_____
_____
_____
_____

Una nueva vida para todos

Nombre _____ Fecha _____

Lectura enfocada guiada

Vuelve a leer detenidamente cuando Iván se muda de la jaula al hábitat de los gorilas (páginas 293–297).

Instrucciones: Piensa en estas preguntas. En los espacios, escribe ideas mientras piensas en las respuestas. Prepárate para compartir tus respuestas.

1. ¿De qué maneras muestra Iván al macho juvenil y a los otros gorilas que él es una espalda plateada?

2. ¿Qué parte del cuento muestra que Ruby está disfrutando de su nuevo hogar en el zoológico?

3. ¿Cómo sabe el lector que Kinyani está invitando a Iván a jugar a corre que te pillo?

Nombre _____ **Fecha** _____

Una nueva vida para todos

Relacionarse: al aire libre

Instrucciones: Iván ve toda clase de cosas nuevas en su nuevo hábitat del zoológico. Coloca las palabras en orden alfabético.

Banco de palabras

cielo	pasto	árbol	hormiga	pájaro
tierra	nube	viento	flor	piedras

1. _____

2. _____

3. _____

4. _____

5. _____

6. _____

7. _____

8. _____

9. _____

10. _____

Una nueva vida para todos

Nombre _____ Fecha _____

Aprendizaje del lenguaje: adjetivos superlativos

Instrucciones: Vuelve a escribir cada oración agregando -*ísimo* al final del adjetivo y haciendo pequeños ajustes.

> ### ¡Pistas del lenguaje!
> - Los adjetivos superlativos absolutos se usan para expresar el grado más alto de una persona o una cosa.
> - Cuando se le agrega -*ísimo* al final del adjetivo, se forma un adjetivo superlativo absoluto.

1. Este elefante es grande.
   Este elefante es grandísimo.

2. Esa jirafa es alta.
   _____

3. Esta lección es fácil.
   _____

4. Este gorila es viejo.
   _____

5. Ruby es joven.
   _____

6. Julia es valiente.
   _____

7. La cola de Stella es larga.
   _____

Nombre _____ Fecha _____

Una nueva vida para todos

Elementos del texto: personajes

Instrucciones: Ruby e Iván ya no están juntos, pero Iván está feliz de que Ruby tenga un hogar seguro. Imagina que eres Ruby. Escríbele una carta a Iván que describa tu nuevo hogar en el zoológico.

Querido Iván:

_____

_____

_____

_____

_____

_____

_____

_____

_____

Cordialmente,

Ruby

Una nueva vida para todos

Nombre _____ Fecha _____

Elementos del texto: trama

Instrucciones: Bob dice que quiere seguir siendo salvaje y no tener un hogar. Pero, Bob termina viviendo con Julia y su familia. En los reglones a continuación, escribe una nueva parte del cuento contando cómo termina viviendo Bob con Julia.

_____
_____
_____
_____
_____
_____
_____
_____
_____
_____
_____
_____
_____

Poslectura: pensamientos sobre el tema

Instrucciones: Elige un personaje principal de *El único e incomparable Iván*. Imagina que eres ese personaje. Dibuja una carita feliz o una carita triste para mostrar qué piensa el personaje de cada afirmación. Luego, usa palabras para aclarar tu dibujo.

El personaje que elegí: _____

Afirmación	¿Qué piensa el personaje? 😊 ☹	¿Por qué piensa de esta manera el personaje?
Los animales deberían estar en jaulas.		
Los animales que se presentan en los circos entretienen a las personas que los ven.		
Un zoológico es un buen hogar para un animal salvaje.		
Los animales pueden tener amigos.		

Actividades de la poslectura

Actividad culminante: recordar a Iván

Instrucciones: Lee sobre el verdadero gorila llamado Iván. Luego, haz la actividad a continuación.

El verdadero Iván

Iván fue un gorila real. A él y a su hermana se los llevaron de la vida silvestre cuando eran bebés. Su hermana murió poco después. Iván vivió con una familia por cinco años. Después se lo entregaron a un centro comercial donde lo tuvieron en una pequeña jaula por 27 años. Después de que un artículo sobre él se publicó en la revista National Geographic, el público vino al rescate de Iván. Fue llevado al Zoológico de Atlanta en 1994. Iván interactuaba con su nueva familia de gorilas, pero siempre fue más apegado a sus guardianes que a los demás gorilas. Iván murio en 2012 a la edad de 50 años.

A menudo, a los animales se los llevan de la vida silvestre para ser usados como entretenimiento de los humanos. Haz una lista de cómo usan los animales. Luego, haz una lista de otras cosas que podrían hacer en su lugar los humanos.

Entretenimiento con animales	Otros tipos de entretenimiento

Actividad culminante: recordar a Iván (cont.)

Instrucciones: Lee sobre el propósito de los zoológicos. Luego, completa el diagrama de Venn sobre los zoológicos.

El propósito de los zoológicos

Aunque los animales de los zoológicos están en cautiverio, un zoológico bueno cumple un propósito importante. Muchas especies de animales que han estado en peligro de extinción se han salvado a través de los programas de crianza. Los zoológicos también sirven para educar al público sobre los animales y el medio ambiente. Entre más información tengan las personas sobre los animales salvajes y lo que necesitan para sobrevivir en la naturaleza, mejor vivirán los animales en la vida silvestre en el futuro.

Hay zoológicos buenos y zoológicos malos. Los zoológicos buenos proveen condiciones de vida lo más limpias y naturales posibles. Proveen comida y cuidado médico de alta calidad. Los zoológicos malos existen simplemente para el entretenimiento humano. Las condiciones de vida son escasas y frecuentemente sucias. Los animales están en exhibición en vez de vivir en hábitats donde podrían deambular e interactuar con otros animales de su especie.

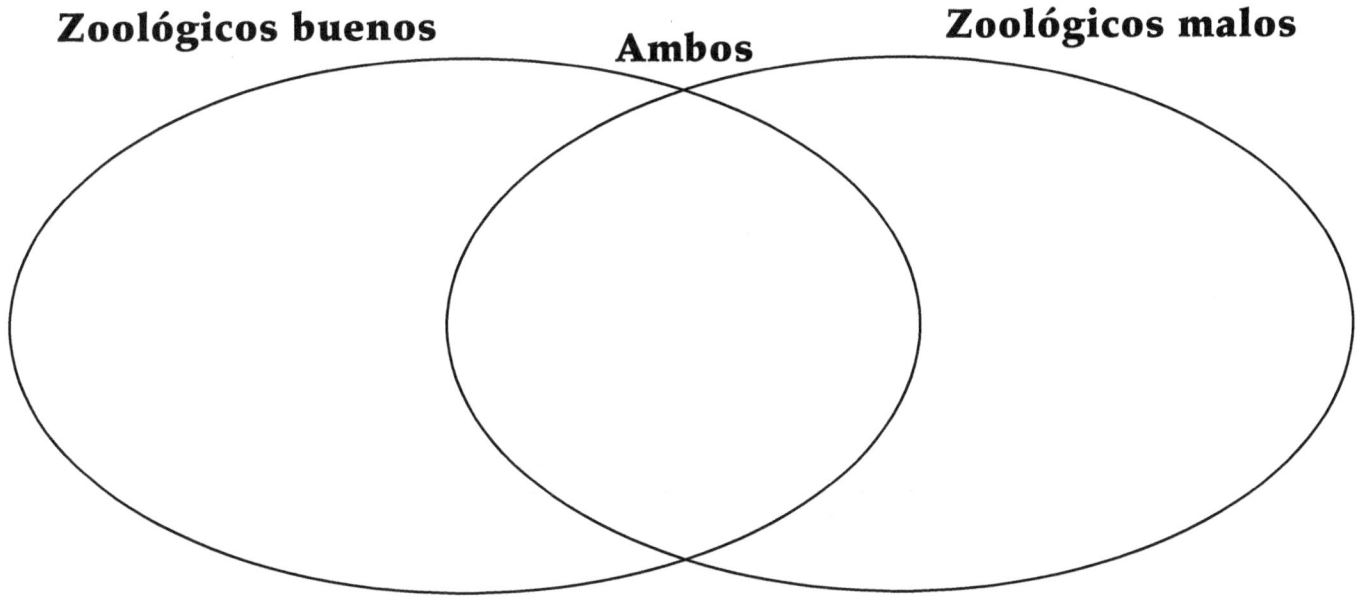

Actividades de la poslectura

Actividad culminante: recordar a Iván (cont.)

Instrucciones: El zoológico de Atlanta le ha dedicado una página web a Iván. El sitio incluye fotos y videos del verdadero Iván. Explora la página web y responde las preguntas.

> **Sitio web del zoológico de Atlanta: celebrar a Iván**
> http://www.zooatlanta.org/ivan

1. ¿Qué clase de gorila era Iván?

   _____

   _____

2. ¿Por cuánto tiempo vivío Iván en el zoológico de Atlanta?

   _____

   _____

3. Ve el video de Iván. ¿Qué hace en el video?

   _____

   _____

4. ¿Cómo demuestra la gente su amor y cariño hacia Iván aunque ya no esté presente?

   _____

   _____

Actividades de la poslectura

Actividad culminante: recordar a Iván (cont.)

Instrucciones: Aprender sobre la vida de Iván nos enseña algunas de las cosas malas que les pueden hacer los humanos a los animales en nombre del entretenimiento. La última parte de la vida de Iván nos muestra las cosas buenas que pueden hacer los humanos y cómo pueden cuidar y ayudar a preservar las vidas de los animales salvajes. Crea un afiche para ayudar a los demás a recordar a Iván.

Actividades de la poslectura

Nombre _____ Fecha _____

Evaluación de la comprensión

Instrucciones: Llena la burbuja de la mejor respuesta para cada pregunta.

Sección 1: Iván en el centro comercial Gran Circo

1. ¿Quiénes son los dos mejores amigos de Iván en el centro comercial Gran Circo?

    (A) Ruby y Stella

    (B) Stella y Bob

    (C) Mack y George

    (D) Bob y Julia

Sección 2: Ruby y Stella

2. ¿Qué hacen Ruby y Stella para demostrar que se quieren?

    (E) "Ruby levanta un poco de heno".

    (F) "Stella se ve tan feliz".

    (G) Ruby y Stella "se mecen juntas como si estuvieran bailando".

    (H) Stella "adelanta su trompa hacia la oscuridad".

Sección 3: Cumplir la promesa

3. ¿Cuál es la promesa que le hace Iván a Stella?

    (A) Que va a conseguir mudarse a un zoológico.

    (B) Que va a ayudar a Bob a encontrar un hogar.

    (C) Que va a asegurarse de que Ruby tenga suficiente comida.

    (D) Que va a asegurarse de que Ruby no se pase la vida en una jaula.

Evaluación de la comprensión (cont.)

Sección 4: ¡El plan funciona!

4. Describe lo que hacen las personas del zoológico para ayudar a Iván y a Ruby a meterse en las cajas.

_____

_____

_____

_____

_____

_____

_____

Sección 5: Una nueva vida para todos

5. ¿Cómo sabe Iván que Ruby está feliz en su nuevo hogar?

   (A) Ve a Ruby en la tele jugando con los otros elefantes.

   (B) Los guardianes lo llevan al hábitat de los elefantes.

   (C) Bob le cuenta que ella está feliz.

   (D) Nunca llega a saber si está feliz.

Actividades de la poslectura

Nombre _____ Fecha _____

Reflexión sobre la literatura: parte favorita del cuento

Instrucciones: ¿Cuál es tu parte favorita de *El único e incomparable Iván*? Haz un dibujo de tu escena favorita y escribe tres oraciones que lo describan. Luego, responde las preguntas sobre tu dibujo en la siguiente página.

_____
_____
_____
_____

Nombre _____ Fecha _____

Actividades de la poslectura

Reflexión sobre la literatura: parte favorita del cuento (cont.)

1. ¿Por qué es esta tu parte favorita del cuento?

   _____
   _____
   _____
   _____
   _____

2. ¿La escena se encuentra al principio, en el medio, o al final del cuento?

   _____
   _____

3. ¿Qué mensaje comunica esta parte del cuento?

   _____
   _____
   _____
   _____
   _____

Actividades de la poslectura

Nombre _____ Fecha _____

Pauta: Reflexión sobre la literatura

Instrucciones: Use esta pauta para evaluar las respuestas de los estudiantes.

Gran trabajo	Bien hecho	Sigue intentándolo
☐ Contestaste las tres preguntas de manera completa. Incluiste muchos detalles.	☐ Contestaste las tres preguntas.	☐ No contestaste las tres preguntas.
☐ Tu caligrafía es fácil de leer. No hay errores de ortografía.	☐ Podrías mejorar tu caligrafía. Hay algunos errores de ortografía.	☐ Tu caligrafía no se puede leer muy fácilmente. Hay muchos errores de ortografía.
☐ Tu dibujo es claro y está coloreado completamente.	☐ Tu dibujo es claro y una parte está coloreada.	☐ Tu dibujo no es muy claro ni está completamente coloreado.
☐ La creatividad es evidente tanto en el dibujo como en el escrito.	☐ La creatividad es evidente en el dibujo o en el escrito.	☐ No hay mucha creatividad ni en el dibujo ni en el escrito.

Comentarios del maestro: _____

_____

_____

Nombre _____ Fecha _____

Hoja para escribir 1

_____

Hoja para escribir 2

Nombre _____ Fecha _____

Answer Key

The responses provided here are just examples of what students may answer. Many accurate responses are possible for the questions throughout this unit.

Vocabulary Activity—Section 1:
Iván en el centro comercial Gran Circo (page 15)
- El centro comercial Gran Circo no se compara con una **selva** de verdad.
- Iván es un poderoso **espalda plateada**.
- Fue capturado cuando era aún un **jovencito**.
- Sus **dominios** están en el centro comercial Gran Circo.
- Julia usa su **imaginación** para pintar y hacer dibujos.
1. A Iván le caen bien Stella y Bob, y le gusta hacer dibujos.

Guided Close Reading—Section 1:
Iván en el centro comercial Gran Circo (page 18)
1. Está feliz de recibir papel y crayones de Julia. Hace dibujos de las cosas que ve.
2. Iván pinta lo que ve pero Julia pinta lo que ve en su imaginación.
3. Dice que cuando era un bebé y vivía con su familia, veía formas en las nubes y pintaba con barro. Cree que siempre ha sido artista.

Language Learning—Section 1:
Iván en el centro comercial Gran Circo (page 20)
1. Stella es una montaña.
2. Bob es un ratón.
3. La foca es un payaso.
4. El oso malaya es una bolita de algodón.
5. El gorila es una nutria.

Story Elements—Section 1:
Iván en el centro comercial Gran Circo (page 21)

	Iván	Stella	Bob
¿De dónde viene?	Iván viene de África.	Stella vivía en un lugar con bóvedas selváticas, niebla y riachuelos.	Bob fue arrojado a la autopista cuando era cachorro.
¿Cómo llega al centro comercial Gran Circo?	Mack llevó a Iván al centro comercial cuando creció demasiado como para poder vivir en su casa.	Stella llegó al centro comercial después de estar en un circo.	Bob logró entrar al centro comercial y a la jaula de Iván a través de un agujero en el vidrio.
¿Qué tiene de especial él o ella?	Iván se preocupa por sus amigos y es un artista.	Stella se acuerda de todo. Es buena amiga de Iván.	Bob es buen amigo de Iván.

	Iván	Stella	Bob
Escribe una o dos cosas que le gustan del centro comercial Gran Circo.	A Iván le gustan Bob y Stella. Le gusta pintar.	A Stella le gusta Iván.	A Bob le gusta dormir sobre la panza de Iván. Y le gusta estar en un lugar calientito.
Escribe tres palabras que lo describen o la describen.	Iván es grande, atento, artístico y un buen amigo.	Stella es enorme, amable, tiene la pata adolorida y es buena amiga de Iván.	Bob es pequeño, es un buen amigo de Iván y no le gustan los humanos.

Vocabulary Activity—Section 2:
Ruby y Stella (page 24)
1. Stella se mece con Ruby y entrecruza su trompa con la de Ruby.

Guided Close Reading—Section 2:
Ruby y Stella (page 27)
1. Iván dice que le gustan los cuentos "que terminan como un cielo azul y sin nubes".
2. Stella dice que un buen zoológico es amplio, seguro y tiene espacio para deambular. Tiene humanos que no lastiman a los animales.
3. Stella dice que Jambo montó guardia junto al niño.

Making Connections—Section 2:
Ruby y Stella (page 28)
- **Vivir en la naturaleza:** Tiene que buscar la comida; Hay espacio para deambular; Es un entorno natural; Hay contacto con otros animales salvajes; Hay libertad de hacer lo que quiera.
- **Vivir en cautiverio:** Se provee la comida; Está encerrado en una área pequeña; Es un entorno hecho por los humanos; No hay mucho contacto con otros animales; Está encerrado tras rejas o vidrio.

Language Learning—Section 2:
Ruby y Stella (page 29)
1. Stella y Ruby se hacen amigas.
2. Iván vive en el centro comercial Gran Circo.
3. Julia le da a Iván papel y crayones.
4. Iván nació en África.
5. El verdadero Iván vivía en el zoológico de Atlanta.
6. Ruby quiere a Stella como a una madre.

Answer Key

Actividad de vocabulario—Section 3: Cumplir la promesa (page 33)
- Iván no puede **decifrar** la expresión de Ruby.
- Iván trata de mostrarse **alentador** ante el cuadro...
- Bob suelta una risa **burlona** sobre Mack...
- Iván le dice a Ruby que un zoológico es el lugar...
- Ruby se ve **complacida** por el cuadro...

Guided Close Reading—Section 3: Cumplir la promesa (page 36)
1. Bob gruñe y celebra cuando Ruby golpea a Mack al decir, "Justo en el blanco".
2. Julia le pregunta a George si él cree que Mack podría llegar a lastimar a Ruby y si deberían llamar a alguien. George dice que no lo cree.
3. "Se aleja, y en ese momento lo oigo reír".

Language Learning—Section 3: Cumplir la promesa (page 38)
1. "Puedo salvar a Ruby", dice Iván.
2. Stella dice: "Los humanos son impredicables".
3. "Me alegro de que Ruby haya golpeado a Mack", gruñe Bob.
4. "Papá, ven a ver lo que creó Iván", exclama Julia.
5. "Hemos pasado por tantas cosas, Iván", dice Mack.

Vocabulary Activity—Section 4: ¡El plan funciona! (page 42)
1. El anuncio es una **monstruosidad**.
2. El anuncio trae **publicidad** a Ruby.
3. Salvar a Ruby es un asunto de **principios**.
4. Los **manifestantes** están enfadados porque Ruby vive en una jaula.
5. Iván se alegrará de que esté en un lugar seguro pero a lo mejor la va a extrañar.

Guided Close Reading—Section 4: ¡El plan funciona! (page 45)
1. Se arroja contra las paredes y vocifera.
2. Ve el símbolo de la jirafa roja.
3. George dice que Mack lo va a despedir. Esto demuestra que él sabe que está haciendo algo sin el permiso y la aprobación de Mack.

Language Learning—Section 4: ¡El plan funciona! (page 47)
1. la amiga de Iván
2. los crayones de Julia
3. la jaula de Stella
4. el centro comercial de Mack
5. la trompa de Ruby
6. la escoba de George

Story Elements—Section 4: ¡El plan funciona! (page 48)
- The picture should include walls, grass, Ruby, and the word *HOGAR*.

Story Elements—Section 4: ¡El plan funciona! (page 49)
- George coloca el anuncio.
- Julia llama al periódico.
- Un reportero viene de visita.
- Los manifestantes llevan pancartas fuera del centro comercial.
- La señora del zoológico visita a Ruby.

Vocabulary Activity—Section 5: Una nueva vida para todos (page 51)
1. Seguramente Iván les tiene miedo a los otros gorilas porque han pasado muchos años desde que ha visto a otro gorila.

Guided Close Reading—Section 5: Una nueva vida para todos (page 54)
1. Gruñe, manotea, se endereza y se golpea el pecho.
2. Iván la ve en la tele con otros elefantes. Retozan en el fango y la acarician. Él sabe que está feliz.
3. Kinyani le da a Iván un golpecito en el hombro y huye.

Making Connections—Section 5: Una nueva vida para todos (page 55)
1. árbol
2. cielo
3. flor
4. hormiga
5. nube
6. pájaro
7. pasto
8. piedra
9. tierra
10. viento

Language Learning—Section 5: Una nueva vida para todos (page 56)
1. Este elefante es grandísimo.
2. Esa jirafa es altísima.
3. Esta lección es facilísima.
4. Este gorila es viejísimo.
5. Ruby es jovencísima.
6. Julia es valentísima.
7. La cola de Stella es larguísima.

Culminating Activity (page 62)
1. Iván era un gorila occidental de la llanura.
2. Vivio allí por 17 años, desde 1994.
3. Iván come y deambula por el recinto.
4. Todavía recibe tarjetas de cumpleaños y de días festivos.

Comprehension Assessment—Section 5: Una nueva vida para todos (p. 64–65)
1. B. Stella y Bob
2. G. Ruby y Stella "se mecen juntas como si estuvieran bailando".
3. D. Que va a asegurarse de que Ruby no se pase la vida en una jaula.
4. Usan un entrenamiento con clics y con botanas. Cada vez que Iván o Ruby tocan la caja, las personas hacen un ruidito y les dan comida.
5. A. Ve a Ruby en la tele jugando con los otros elefantes.